LE DUC DE KANDOS

Par MATTHEY (Arthur Arnould)

G. GOUILLARD, Libraire-Éditeur, 20, rue du Croissant, PARIS.

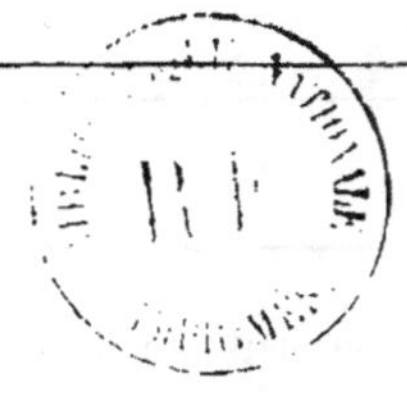

LE

DUC DE KANDOS

PREMIÈRE PARTIE

LE MEURTRE DE COCO

I

LA POLICE ARRIVE

Les trois coups de revolver se succédèrent avec une extrême rapidité, mais non à intervalles réguliers.

Il y eut, d'abord, deux détonations presque instantanées, puis trois ou quatre secondes de silence, et enfin une dernière détonation.

On distingua parfaitement le double son de deux armes différentes : l'un plus aigu, l'autre plus sourd.

Le revolver au son aigu fut celui qui tira le premier coup. — Les suivants, qui ripostèrent, appartenaient évidemment à une seule et même arme.

Il pouvait être environ dix heures du soir; on était au mois de mai de l'année 1869.

La journée avait été sombre et la soirée pluvieuse. La rue des Trois-Couronnes, dans le onzième arrondissement, et le boulevard de Belleville, sur lequel elle aboutit, étaient parfaitement déserts, quoique l'heure fût peu avancée. — Mais le quartier est excentrique, habité par des ouvriers qui sont trop fatigués en semaine pour se coucher tard, et la température humide et froide, qui caractérise généralement le joli mois de mai, dans nos climats, n'invitait point aux flâneries en plein air.

Les coups de revolver provenaient, d'ailleurs, du sixième étage d'une vieille et grande maison, d'aspect triste et delabré, située à l'angle de la rue et du boulevard, et faisant partie de l'îlot formé par la rue des Trois-Couronnes au nord, le boulevard de Belleville à l'est, la rue Oberkampf au sud, et la rue Moret à l'ouest.

Cet îlot, ou plutôt ce quadrilatère, parfaitement isolé, n'offre pas une très grande étendue et se compose presque exclusivement d'habitations d'ouvriers.

Dans tout autre quartier du centre, rempli du bruit des voitures et des omnibus, et des allées et venues d'une foule active et plus ou moins tapageuse, ces trois coups de revolver n'auraient guère éveillé l'attention que des plus proches voisins.

Mais, rue des Trois-Couronnes, ils retentirent lugubrement, au milieu du silence, et ils furent entendus à une assez grande distance, notamment par deux rondes de sergents de ville, qui, à cet instant, passaient, l'une sur le boulevard de Belleville, l'autre dans la rue Moret.

Ces deux rondes, qui s'avançaient parallèlement et en sens inverse, séparées seulement par l'épaisseur du pâté de maisons, se composaient chacune de deux agents, qui s'arrêtèrent sur place et cherchèrent à s'orienter pour savoir d'où provenait, au juste, ce bruit insolite et de caractère délictueux.

Au même moment, plusieurs fenêtres s'ouvrirent de côté et d'autre, laissant passer des têtes curieuses de femmes et d'hommes qui se penchaient en dehors, et quelques interrogations commencèrent à se croiser entre voisins et vis-à-vis.

Pendant ce temps, la maison, d'où les coups de revolver étaient partis, se remplissait de rumeur et d'agitation.

Tous les locataires avaient été réveillés en sursaut; à demi-vêtus, ils ouvraient leurs portes, se précipitaient sur les paliers.

Les uns montaient vers le sixième étage, ayant compris que le bruit venait de là, d'autres descendaient pour appeler le concierge.

On se rencontrait, on se bousculait, on se posait des questions.

— Avez-vous entendu?

— C'est du sixième étage, n'est-ce pas?

— Evidemment.

— Chez qui?

— Chez le nouveau locataire.

— Le vieux?

— Oui.

— Je vais prévenir le concierge.

— C'est cela.

— Moi je monte.

— Etes-vous entré?

— Mais non. La porte est fermée,

— Est-ce qu'on entend quelque chose?

— Rien du tout. Pas un cri... pas un soupir... J'ai commencé par écouter à la porte... Je suis son plus proche voisin.

— C'est étonnant!

— Alors, c'est un suicide.

— Oh! un suicide!... On ne se tire pas, comme ça, à soi-même, trois coups de pistolet dans la tête.

— Et puis ces détonations provenaient de deux armes de calibre différent, — ajoutait un ouvrier armurier habitant le cinquième étage.

— Vous en êtes sûr?... Il m'a bien semblé aussi...

— Cela n'est pas douteux.

— Qu'est-ce que c'est?... Que se passe-t-il donc? — s'écria tout à coup une voix dont l'intonation révélait le sentiment et l'habitude d'une autorité quelconque.

— Ah! voilà M. Niquelet, le concierge!

— Arrivez donc!

En effet, portant une lumière à la main, car le gaz était éteint déjà dans l'escalier, gravissant les étages avec une sage lenteur, on vit apparaître un petit homme, maigre, desséché, osseux, d'une cinquantaine d'années, et qui tirait la jambe.

C'était bien M. Niquelet lui-même ; — ayant été estropié par la chute d'une poutre dans le chantier où il travaillait, quelques années auparavant, il était devenu portier de l'une des maisons de son ancien patron.

Arraché brusquement au sommeil, il avait à la hâte passé un pantalon et un surtout de grosse laine brune, à manches collantes, et sa chevelure hérisée et grisonnante s'ébouriffait au-dessous d'un bonnet de coton d'un blanc douteux, tandis que sa barbe, qui datait du dimanche précédent, — on était au vendredi, — pointait drue sur sa peau rugueuse,

— Qu'est-ce qu'il y a ? — répétait-il d'un ton rogue.

— Qu'est-ce qui se permet de réveiller toute la maison, en tirant des coups de pistolet ?

— C'est le vieux du sixième, — répondirent plusieurs voix.

— Monsieur Loriot ?

— Oui.

— Nous allons voir ça !

Au fur et à mesure que M. Niquelet montait, les locataires se massaient à sa suite, les femmes en tête, de tout âge ; les unes en camisole, les autres en simple jupon et en manches de chemise, ayant jeté plus ou moins vite un fichu sur leurs épaules ; — sauf une ou deux, chez qui la curiosité, ou la certitude qu'elles n'avaient rien de désagréable à cacher, l'avait emporté sur les préoccupations de la pudeur.

Quand on arriva enfin sur le palier des mansardes, M. Niquelet se trouvait en tête d'un petit corps d'armée, composé au moins d'une trentaine de personnes de tout sexe et de tout âge.

La troupe s'arrêta devant une porte peinte en jaune, et il se fit un instant de silence profond, chacun retenant son haleine, penchant son visage, tendant l'oreille, écarquillant les yeux.

M. Niquelet, solennel, donna deux ou trois coups de poing, afin d'annoncer sa présence et de faire ouvrir, le propriétaire ayant supprimé le luxe des sonnettes pour cet étage, destiné à loger les plus pauvres locataires de sa maison de pauvres.

Point de réponse. Un silence de mort.

— Monsieur Loriot! — glapit le concierge. — C'est moi. Niquelet... le concierge... Ouvrez donc!

— Quelle diable de vie faites-vous là-dedans?

Même silence.

M. Niquelet se baissa pour coller son œil au trou de la serrure; mais la clef, restée en dedans, ne laissait point passer la vue, et la seule chose que l'on pût constater, c'est qu'il y avait de la lumière dans la chambre.

— Je ne vois rien du tout! — grommela le concierge.

Il appuya l'oreille contre l'ouverture.

— Je n'entends rien non plus, — reprit-il en se redressant. — Monsieur Loriot, êtes-vous malade? — ajouta-t-il enfin d'une voix dont la solennité et un commencement de terreur adoucissaient le glapissement.

Personne ne songeait à rire de la demande assez incongrue du portier, étant donné la situation et la nature du bruit qui avait mis la maison sur pied.

— Je pense, en effet, qu'il est fort malade! — s'écria, néanmoins, un jeune ouvrier. — Ou il s'est tué, ou on l'a tué.

— Croyez-vous?

— Parbleu! — On ne tire pas des coups de pistolet pour des prunes, et, puisqu'il ne grouille pas, c'est qu'il a son affaire.

— C'est vrai ça! — Enfoncez la porte, père Niquelet.

— Il faut entrer... voir ce qui se passe... ce qui est arrivé.

Plusieurs hommes robustes s'avancèrent aussitôt, mais le père Niquelet se plaça résolûment devant la porte.

— Minute! mes enfants! minute! — Je m'y oppose... Je suis responsable... Que personne ne bouge... il faut aller chercher la police... Comme vous y allez!... Enfoncer la porte... Jamais!

— Il a raison, — dirent quelques femmes. — Il faut prévenir le commissaire.

— Restez là. C'est moi que cela regarde, — reprit le concierge. — Je cours au poste.

Et, pressant le pas, pour cette fois, le père Niquelet se mit à dégringoler l'escalier, cahin-caha, un peu pâle, grommelant entre ses dents longues et jaunies par l'usage du tabac :

— Un crime dans la maison, v'là du propre !... Et avec ça un temps de chien pour courir à la police.

Arrivé devant la loge, il y entra afin de poser sa chandelle, se tira le cordon, et, ayant suivi le corridor, sortit dans la rue.

Mais il n'eut pas loin à aller.

A peine sur le trottoir, il se trouva en face d'un petit rassemblement, déjà formé devant la porte, où l'on parlait avec animation, et vers lequel les sergents de ville, guidés par les renseignements des voisins, se dirigeaient vivement, arrivant par les deux extrémités opposées de la rue.

En trois mots, le père Niquelet les mit au courant de la situation.

Un des agents partit aussitôt pour aller requérir main-forte au poste le plus prochain et ramener un serrurier, en même temps que le commissaire de police ; un second agent resta de planton devant la porte de la rue pour empêcher qui que ce soit d'entrer ou de sortir ; et les deux autres, conduits par le concierge, pénétrèrent dans la maison et montèrent au sixième étage, pour veiller devant la chambre où venait de s'accomplir le drame encore inconnu qui ouvre ce récit.

Soulevez le corps avec précaution. que diable!

II

MONO, LE BON NÈGRE

Le poste n'était pas éloigné; aussi, quelques instants après, M. le commissaire de police apparaissait, accompagné de plusieurs agents, de son secrétaire et d'un serrurier qu'on avait été requérir, et qui tenait à la main les divers instruments exigés par la circonstance.

Le commissaire de police était un petit homme replet, grassouillet, apoplectique, avec de gros yeux à fleur de tête, un nez retroussé, le front bas, la mâchoire proéminente : une tête de boule-dogue, en un mot.

Il paraissait de fort mauvaise humeur.

Placé dans un quartier populaire, où il avait rarement affaire à des gens distingués ou de façons délicates, il avait pris l'habitude de traiter ses justiciables avec une grande brutalité, — brutalité qui lui était naturelle, d'ailleurs, et qui avait empêché qu'on le désignât pour un des commissariats du centre de la ville.

Cela le vexait, l'irritait, et il s'en vengeait en faisant sentir sa *poigne* aux pauvres diables que leur mauvaise étoile mettait en rapport avec lui, — poigne de fer, sans gant de velours.

— Voyons, qu'est ce que c'est? — grommela-t-il en s'arrêtant sur le palier pour souffler et s'éponger, car la moindre ascension lui coupait la respiration et le faisait transpirer. — Quelque batterie d'ivrogne, n'est-ce pas ?... C'est un métier à crever! Cent vingt-cinq marches!... On jurerait qu'ils le font exprès !

— Monsieur le commissaire, — répliqua le concierge. — on a tiré trois coups de pistolet dans cette chambre... La porte est fermée, et nous avons beau appeler, frapper, personne ne répond. — Nous craignons qu'il ne soit arrivé un malheur...

— C'est bon ! c'est bon ! — interrompit M. Blaireau, — c'était le nom du commissaire. — Nous allons bien voir.

Il s'avança vers la porte, y frappa deux coups secs, et, d'une voix de basse, comme celle de presque tous les petits hommes, prononça les paroles sacramentelles :

— Au nom de la loi, ouvrez !

Quelque sacramentelles qu'elles fussent, ces paroles ne produisirent pas plus d'effet que les objurgations semi-autoritaires, semi-familières du concierge. — Personne ne répondit.

M. Blaireau haussa les épaules, et, se retournant vers le serrurier :

— Allons, vous, — lui dit-il, — faites votre devoir.

Le serrurier, qui était aussi grand, aussi maigre, que le commissaire était court et gras, se mit aussitôt à la besogne, sans souffler mot.

La foule des locataires avait été légèrement repoussée par les agents de police et se tenait à petite distance, dans l'ombre, formant une sorte de cercle, au milieu duquel se détachaient le commissaire, son secrétaire et le père Niquelet, à qui ses fonctions spéciales valaient cet honneur.

Ce petit groupe était vivement éclairé par la lumière de plusieurs lanternes à réflecteur puissant, dont les agents concentraient les rayons vers la porte où travaillait le serrurier.

Par dessus les épaules des sergents de ville, à travers l'intervalle qui les séparait les uns des autres, on voyait émerger des têtes curieuses, aux yeux brillants, dont les corps disparaissaient, noyés par les ténèbres environnantes; têtes énergiques ou ravagées de travailleurs; têtes de femmes jeunes ou vieilles, mal peignées ou couvertes de bonnets de toutes les formes, de foulards de toutes les couleurs.

Dominant toutes ces têtes et en faisant ressortir les tons clairs et multicolores, se détachait violemment une tête noire et luisante, dont les prunelles semblaient jeter des lueurs phosphorescentes. —C'était celle d'un nègre qu'on eût dit sculpté dans un bloc de jais, tant ce qu'on voyait de la peau était sombre et poli.

Jeune encore, il pouvait avoir au plus une vingtaine d'années, il paraissait taillé en hercule, et l'on devinait la puissance nerveuse du torse et des membres sous le vêtement de couleur sombre qui le couvrait, et qui se composait d'un pantalon, d'un paletot-sac étroit, boutonné jusqu'au menton, le tout de drap brun.

Son visage immobile n'offrait point ces traits écrasés et massifs qu'on est habitué à trouver chez la race africaine. Il avait, au contraire, le nez droit, les lèvres peu saillantes et le front légèrement déprimé.

Ses yeux, d'une vivacité extraordinaire et d'un éclat prodigieux, paraissaient pleins d'intelligence, et sa pose entière exprimait l'intérêt violent qu'il prenait à la scène qui se passait devant lui.

Sans la préoccupation qui absorbait toutes les personnes réunies dans ce petit espace, il eût attiré l'attention générale, et sa présence eût été l'objet de mille commentaires, non pas seulement à cause de la couleur de sa peau, mais parce que, n'habitant point la maison, il était parfaitement inconnu, et que nul n'eût pu dire d'où il venait, comment il était entré, pourquoi il se trouvait là, quand, en dehors des locataires de l'immeuble régi par le père Niquelet, pas un étranger n'avait été admis à franchir la porte cochère.

Nous pouvons dire, dès à présent, qu'il avait pénétré dans la maison, en se glissant brusquement derrière le concierge, au moment où celui-ci sortait pour aller prévenir la police.

Se détachant du groupe qui pérorait sur le trottoir, il s'était faufilé par l'entre-bâillement de la porte, avec une telle rapidité que ni M. Niquelet, ni aucun des curieux ne s'en était aperçu.

Maintenant, chacun braquait ses yeux sur le commissaire et le serrurier, sans s'occuper de l'étrange compagnon qui venait de surgir, et qui gardait un silence absolu,

— Impossible d'ouvrir! — dit le serrurier après quelques vains efforts. — La clef est restée en dedans, et la porte est fermée à double tour.

— Alors, enfoncez! — dit M. Blaireau. — et vivement! — Vous m'entendez? — Je n'ai pas l'intention de passer la nuit ici. — Avez-vous une pince?

— Oui, monsieur le commissaire.

— Faites donc!

Le serrurier déposa un trousseau de clefs, saisit la pince et commença sa pesée.

On voyait sur ses bras nus et velus (car il avait les manches retroussées), où la poussière du fer et du charbon jetait sa teinte brune, saillir les muscles et les veines, semblables à un lacis de cordes tendues à se briser.

L'attente et la curiosité, poussée à sa dernière limite, absorbaient les spectateurs à tel point que la maison se fût écroulée sans que personne songeât à fuir.

Le serrurier, après un vigoureux effort, se redressa.

— Cette porte est plus solide que je n'aurais cru, — dit-il, en passant sa main noire sur son front labouré de rides profondes. — Il faudrait un solide gars...

— Pourquoi faire? — interrompit le commissaire.

— Pour appuyer l'épaule contre la planche et amener un écartement où je puisse introduire la barre. — Sans cela, je n'y arriverai jamais.

— Quelqu'un de bonne volonté! — fit le commissaire.

— Voilà! voilà! — s'écrièrent plusieurs voix empressées.

Mais, avant que le son de ces voix se fût éteint, le nègre que nous avons signalé, écartant brusquement deux agents avec une force irrésistible, se trouva dans le cercle, près du commissaire de police.

On le regardait avec quelque étonnement et on allait lui demander qui il était et ce qu'il faisait là. — Il n'en laissa pas le temps. — Il était déjà arcbouté contre la porte, qui craquait, s'entre-bâillait sous la poussée formidable d'une de ses épaules.

Le serrurier profita vivement de la circonstance, introduisit sa barre de fer dans l'interstice produit entre le chambranle et le battant, et ajouta sa pesée fort sérieuse à celle du nègre.

Pendant près d'une demi-minute, la serrure résista héroïquement; puis on entendit un craquement, d'abord sourd, ensuite aigu; il y eut une oscillation, et, les vis lâchant le bois où elles étaient fixées, la porte s'ouvrit brusquement, entraînant avec elle le nègre et le serrurier, qui allèrent tomber, le premier sur le dos, le second en avant, au beau milieu de la pièce.

A cette vue, il y eut un cri et un mouvement de la foule massée sur le carré.

Tout le monde s'élançait à la fois, pour voir, pour entrer.

Les agents de police, surpris, furent refoulés, et l'un d'eux alla même bousculer M. Blaireau, qui, furieux de la secousse qu'il venait de recevoir, se jeta devant la porte, dont sa courte et large corpulence occupait presque entièrement la baie, en criant avec colère :

— Tonnerre de Dieu! — Repoussez ces animaux-là! — Faites évacuer le palier. — Personne n'entrera... et le premier qui résiste ou qui bouge, au violon!

Les agents, revenus de leur surprise et excités par la voix du chef, se retournèrent contre les curieux, les firent rétrograder, et, à l'aide de quelques bourrades, assaisonnées de forts jurons, eurent fait place nette en un clin d'œil.

Le carré était vide.

Les spectateurs s'étageaient maintenant comme une grappe humaine sur les marches de l'escalier, s'écrasant les pieds, se fourrant les coudes dans les côtes, pour se caler et se hisser les uns sur les autres.

Les femmes criaient, les hommes grognaient ; mais M. Blaireau s'en inquiétait peu.

Il n'y avait plus, sur le carré et auprès de la porte, que lui-même et son secrétaire, plus le nègre et le serrurier, qui venaient de se relever.

M. Blaireau entra dans la chambre, suivi de ces trois personnages et de deux agents qui, jugeant que leurs compagnons suffisaient à maintenir la consigne, se disposaient à prêter main-forte, le cas échéant, au représentant de la justice.

III

CHEZ LE VIEUX LOCATAIRE.

Au milieu de la pièce, près d'une table carrée, en noyer, était étendu le corps d'un homme, la face contre terre, dans une mare de sang.

Le crâne fendu, ou plutôt éclaté, laissait voir une partie de la cervelle, qui s'épandait au dehors.

La mort avait dû être instantanée, — ce qui expliquait que nul cri, nul gémissement, n'eût succédé aux détonations qui avaient mis toute la maison sur pied et éveillé l'attention même des deux rondes de police, à distance, dans le quartier.

Près de la main droite du cadavre, on apercevait un revolver, échappé sans doute à la victime, lorsqu'elle était tombée foudroyée par un coup mortel.

Sur la table, achevait de se consumer une chandelle fumeuse, dont la lumière incertaine et tremblante éclairait cette scène de meurtre et lui donnait, s'il est possible, un caractère encore plus sinistre.

A côté du chandelier de cuivre vert-de-grisé, on apercevait une bouteille entamée et deux verres à demi-pleins d'un liquide qu'à sa couleur dorée et à son odeur, on reconnaissait facilement pour de l'eau-de-vie.

Deux chaises, en face l'une de l'autre, de chaque côté de la table, et renversées toutes les deux, achevaient de démontrer qu'il y avait eu, dans la chambre, peu d'instants auparavant, deux convives.

Pour l'un, inutile de le chercher : il était là, gisant, la tête fracassée, muet à jamais.

Quant au second, qu'était-il devenu ?

La chambre était fort petite, et, de plus, excessivement mansardée, ce qui achevait de la rétrécir, car l'inclinaison du toit en occupait près de la moitié.

Les murs, blanchis à la chaux, ne contenaient point de placards où quelqu'un pût se cacher.

Le mobilier se composait d'une couchette en fer et d'une commode en noyer, en plus de la table et des deux chaises, les uniques sièges de céans.

Point de cheminée.

Sur une tablette de sapin, près du pied du lit, il y avait une cuvette et un pot à l'eau pour les besoins de la propreté quotidienne.

En tout, deux ouvertures : — la porte qu'on venait d'enfoncer, et par laquelle le commissaire de police était entré, suivi de ses compagnons ; et, en face, une fenêtre dite *tabatière*, dont le châssis relevé laissait pénétrer l'air humide de cette soirée pluvieuse du mois de mai, et avait fait couler abondamment le suif de la chandelle à demi-consumée.

D'un coup d'œil, le commissaire de police se rendit compte de l'état des lieux, puis, se penchant vers le corps :

— C'est bien un assassinat! grommela-t-il d'un ton radouci et qui ne dissimulait point une certaine satisfaction intérieure.

Cette satisfaction voulait dire :

— Au moins, on ne m'a pas dérangé pour une vétille, une niaiserie! — L'affaire est sérieuse, elle fera du bruit, et je pourrai me distinguer en la tirant au clair, — ce qui me procurera peut-etre de l'avancement ou quelque bonne gratification.

— Soulevez le corps, — avec précaution que diable! — ajouta-t-il en s'adressant à l'un des agents.

Le corps, soulevé, laissa voir un visage d'homme âgé, portant toute sa barbe, qui grisonnait comme ses cheveux ; — visage, d'ailleurs, des plus vulgaires, à l'aspect bestial, portant des traces nombreuses de petite vérole, et dont la peau tannée ressemblait à du vieux cuir.

Les traits n'étaient points atteints, et c'est alors seulement qu'on remarqua que la balle, qui avait fait éclater la cervelle, avait pénétré par le haut du crâne, un peu en arrière.

— Quelle drôle de blessure! — ne put s'empêcher de s'écrier le secrétaire du commissaire de police, qui n'avait pas encore prononcé un mot, et paraissait trembler devant son chef, — qu'il suivait avec la soumission d'un chien habitué aux coups. — On dirait que celui qui a tiré était au plafond.

M. Blaireau haussa les épaules.

— Vous parlez toujours sans savoir, monsieur Pourille. — Il y a deux blessures. — Tenez, là, une en pleine poitrine. — C'est celle là qui l'a renversé; la seconde blessure, à la tête, a été faite alors qu'il était étendu et présentait le haut du crâne à l'assassin. — C'est un coup de grâce, de sécurité, pour assurer la mort... et le silence de la victime... car il n'est pas douteux qu'il y avait deux personnes ici... Les chaises, les verres le démontrent, quand bien même la nature de la plaie à la tête ne le rendrait pas évident.

Les assistants écoutaient M. Blaireau et regardaient le cadavre, sans s'occuper les uns des autres, de telle sorte que nul ne remarqua le mouvement de vive surprise, échappé au nègre, lorsque le visage de la victime relevée était venu en pleine lumière et avait permis de distinguer ses traits.

Alors il fit entendre pour la seconde fois ce grognement sourd et guttural.

— Est-ce qu'il est bien mort ? — demanda enfin M. Niquelet, qui paraissait absolument hébété par ce spectacle.

— Parbleu ! — répliqua le commissaire de police. — La cervelle est broyée. — D'ailleurs, j'ai fait prévenir un médecin, avant de venir. Il sera ici tout à l'heure, et commencera ses constatations. En attendant, déposez le corps sur le lit... sans rien déranger..... et procédons avec ordre.

Les deux agents soulevèrent doucement le cadavre, et l'étendirent sur le lit, en ayant soin de lui conserver, le plus possible, l'attitude dans laquelle il se trouvait.

— L'assassin ne peut s'être enfui que par la fenêtre, — continua M. Blaireau, — puisque la porte était fermée en dedans, et que cette mansarde ne présente aucune autre issue.

Il s'approcha de la fenêtre et voulut regarder au dehors; mais sa petite taille l'empêchait de rien voir.

Le secrétaire lui apporta une des deux chaises, sur laquelle il monta.

— Oh! oh! — fit-il. — Il pleut à verse! — Quel temps de chien! — Voilà un toit rudement à pic!... où un chat pourrait seul se promener sans danger.

— Il aura suivi la gouttière, — observa un des deux agents.

— Sans doute... mais où cela peut-il l'avoir conduit? Il fait nuit comme dans un four.

— Est-ce que l'on peut gagner la maison voisine par cette voie? — ajouta-t-il, en se retournant vers le concierge.

— Oh! oui, monsieur le commissaire. — répliqua ce dernier. — C'est-à-dire, si l'on pouvait se tenir là-dessus sans tomber. Il y a là une dizaine de maisons qui se touchent.

— Tout l'îlot, quoi! fit un des deux sergents de ville. — Je connais le quartier. C'est toujours là que je suis de service.

— C'est cela, et, en pénétrant par une mansarde quelconque, on pourrait gagner un escalier et filer soit par la rue Oberkampf, la rue Moret ou le boulevard de Belleville!... Diable! — Courez immédiatement en bas, avec votre camarade, ramassez tous les agents que vous pourrez trouver, et allez prévenir les concierges des maisons en question. — Si nous arrivons à temps, il est pris comme dans une souricière. — Allons vite, détalez!

Les deux sergents de ville se précipitèrent en dehors de la pièce, et l'on entendit leurs grosses semelles sur les marches de l'escalier, qu'ils descendaient en courant, après avoir bousculé les locataires, toujours massés à l'entrée du corridor.

Un des agents avait déposé sa lanterne sur la table.

— Passez-moi cette lanterne, — ordonna M. Blaireau, en s'adressant à son secrétaire. — Si l'assassin s'est enfui par là, il a dû laisser quelque trace de son passage.

Le secrétaire s'empressa d'obtempérer à l'ordre, pendant que le concierge, assez pâle, échangeait, à voix basse, quelques commentaires avec le serrurier.

Quant au nègre, il se tenait à l'écart, essayant de se faire petit,— ce qui lui était impossible, — et tâchant de passer inaperçu, ce qui était facile au milieu de la préoccupation générale.

Ses yeux brillants allaient sans cesse du visage du mort à la fenêtre occupée par le commissaire de police, avec une rapidité extraordinaire, sans qu'on pût deviner la nature des sentiments qui l'agitaient intérieurement.

Tout ce que l'on pouvait constater, c'est qu'il prenait un intérêt prodigieux à toute cette scène, et notamment aux actes et aux paroles du commissaire de police.

M. Blaireau s'était emparé de la lanterne, dont le réflecteur puissant envoyait au loin une lumière vive et blanche et la promenait méthodiquement autour de lui.

Tout à coup, il poussa une exclamation.

Les assistants se rapprochèrent de M. Blaireau, sauf le nègre qui ne bougea pas, se contentant de pencher légèrement en avant sa tête luisante et crépue.

— Oh! oh! — disait M. Blaireau. — Cela n'est pas douteux, l'assassin a filé par les toits. — Voici une longue trace visible, comme d'un pied qui aurait glissé. — Tenez, regardez, monsieur Pourille.

Et le commissaire se retira un peu de côté, pour permettre à son subordonné, assez grand, de passer la tête par l'ouverture.

— Parfaitement visible, monsieur, — dit presqu'aussitôt le secrétaire d'un ton obséquieux. — Mais qu'est-ce qui brille donc là?

— Où ça?

— Sur la gauche, à deux ou trois mètres, dans la gouttière.

— En effet, attendez donc! — On dirait un morceau de verre ou de métal.

— Mais c'est le canon d'un revolver, répliqua l'employé de M. Blaireau. — Je le distingue parfaitement.

— Moi aussi ! répondit sèchement le commissaire, qui avait la vue un peu basse, et qui n'aimait pas à constater que M. Pourille avait la vue longue. — Le coquin s'est dirigé sur la gauche, et son arme lui aura échappé. — Il faudrait s'emparer de cette arme... et même suivre la trace le plus loin possible... Il est peut-être caché derrière quelque cheminée... Il faudrait un homme adroit, vigoureux et résolu... Et mes agents qui sont partis !...

— Oh ! je ne sais si vos agents se hasarderaient à suivre... cette voie... Il y a neuf chances sur dix de tomber sur le pavé de la rue... Il faudrait un charpentier ou un couvreur.

— Nous savons, monsieur Pourille, que vous êtes incapable de le faire, interrompit sèchement le commissaire. — Et pourtant il faut que quelqu'un aille par là.

— Moi, massa ! — dit une voix légèrement zézayante.

Tout le monde se retourna avec surprise.

Le nègre s'était avancé au milieu de la pièce, et c'était lui qui parlait.

— Qui, vous ? — Quoi, vous ? — demanda le commissaire en le dévisageant, comme s'il le voyait pour la première fois, et, de fait, il l'avait oublié.

— Moi, aller sur le toit ramasser revolver... trouver assassin.

— Qui êtes-vous ? Que faites-vous là ?

— Moi... serviteur... à belle dame... venu par hasard pour voir.

— Comment vous appelez-vous ?

— Mono.

— Et vous êtes domestique ? — continua M. Blaireau s'apercevant que le vêtement brun du nègre portait des boutons de métal blanc, que son pantalon avait une bande blanche et les parements de son paletot court un galon d'argent.

— Oui, massa.

— Chez qui ?

— Chez Mme de Los Rios.

— Où demeure-t-elle ?

— Près Jardin des Plantes.

— C'est bien. — Nous verrons cela plus tard. — Et vous dites que vous oseriez vous aventurer sur le toit, à la poursuite de l'assassin?

— Si, massa.

— Le gaillard a l'air solide et résolu, — grommela le commissaire. — Eh bien, allez-y, — fit-il tout haut. — L'important, c'est de ne pas perdre une minute. — Seulement prenez vos précautions, car le coquin, si vous le rencontrez, se défendra.

— Moi, armé, reprit le nègre, tirant de sa poche un de ces couteaux redoutables, dont on use en Espagne et dans l'Amérique du Sud, et qu'on appelle une *navaja*.

Il l'ouvrit rapidement, le plaça entre ses dents, quitta son paletot, sous lequel il ne portait qu'une chemise de grosse toile écrue, défit ses souliers, d'où sortirent ses pieds noirs, énormes, aux longs doigts, souples comme des doigts de main.

— Moi, prêt! — dit-il.

— C'est bon. Il y aura une récompense pour vous.... si vous réussissez.

Le commissaire était descendu de la chaise.

Le nègre bondit sur le rebord de la fenêtre, avec la souplesse d'un chat, et son corps disparut dans l'ombre du dehors.

— Vous, pas éclairer moi — dit-il alors, en passant la tête à l'intérieur. — Lumière montrer moi, et gêner moi.

— Il a raison, — répliqua M. Blaireau. — Monsieur Pourille, éloignez la lanterne.

Le commissaire de police resta, néanmoins, près de la fenêtre, hissé de nouveau sur la chaise, et suivant du regard, dans l'ombre, la blancheur de la chemise, qui lui permettait de deviner la marche de Mono, puisque tel était son nom.

Le nègre s'était laissé glisser lentement sur la pente du toit, jusqu'à ce que ses pieds touchassent le rebord de la gouttière.

Maintenant il s'avançait sans bruit, le corps collé contre la déclivité du faîte de la maison, s'allongeant avec des mouvements de serpent et sans produire le moindre bruit.

Il se dirigeait vers la gauche.

Tout à coup, il s'arrêta, se courba, se pencha, et un moment, paru surplomber le vide.

— Ah! le malheureux, il va tomber! — murmura le représentant de l'autorité. — L'animal me donne le vertige!... Mais non, le voilà qui se relève.

En effet le nègre était debout et agitait un bras.

— Ah ! très-bien, il montre qu'il a trouvé le révolver. — C'est un rude gaillard, tout de même !

En ce moment, l'arrivée de deux nouveaux personnages dans la pièce força le commissaire de police à quitter son observatoire.

Ces deux nouveaux personnages, c'étaient le médecin, requis pour constater la nature des blessures et l'état du corps; et un agent de la sûreté, qui, ayant appris qu'un assassinat venait d'être commis, accourait de lui-même se mettre à la disposition de M. Blaireau, pour la première enquête.

— Monsieur Pourille, dit ce dernier en descendant de sa chaise, veillez à la fenêtre. — Nous allons poursuivre nos investigations.

IV

BLAIREAU HOUSPILLE NIQUELET.

La vue de l'agent de la sûreté ne causa aucun plaisir au commissaire de police, et lui inspira même une certaine irritation intérieure.

M. Blaireau avait espéré se distinguer, nous l'avons dit, et tirer le meilleur parti possible de la grosse affaire qui lui tombait du ciel ; or, l'arrivée de M. *Percinet*, — nom sous lequel l'agent de la sûreté était généralement désigné, bien que ce ne fût pas son nom véritable, — dérangeait tous ses plans et renversait tout son espoir.

Percinet était fort apprécié de ses chefs, à la préfecture de police, et passait pour un homme habile et fin.

Arrivant dès le début, il allait s'emparer de la situation, la dominer et en tirer tous les bénéfices, au détriment de M. Blaireau, qu'il n'aimait pas, par suite de circonstances antérieures et de vieilles rivalités.

Néanmoins, le commissaire de police dut faire bon visage à mauvaise fortune, et s'efforça de cacher son dépit sous les formes les moins agressives qu'il put obtenir de son tempérament atrabilaire.

— Ah! vous voilà, monsieur Percinet? — dit-il en lui montrant les dents, sous prétexte de sourire. — Vous avez le flair du chien de chasse. L'odeur du gibier vous attire.

— Je passais dans le quartier, — répliqua l'agent, petit homme brun, maigre, à l'œil vif, au visage de belette, qui cachait une grande force musculaire sous un aspect frêle. — Un de vos hommes m'a raconté la chose en gros, et je suis accouru pour vous donner un coup de main.

— Le principal est fait, — monsieur Percinet.

Et il expliqua en peu de mots, ce qui venait de se passer et les ordres qu'il avait donnés.

— Oui, oui, je sais, — fit Percinet. — Avant de monter, j'ai constaté que vos hommes veillaient aux portes de toutes les maisons des environs, après avoir prévenu les concierges. — J'ai pris sur moi de faire garder, en plus, les deux extrémités de chaque rue, et personne ne passera qu'après avoir subi un interrogatoire sérieux. Si l'assassin n'a pas eu le temps de fuir avant votre arrivée, il ne peut s'échapper.—Quant à l'individu qui court sur les toits à sa suite... je n'en augure rien de bon.

— Pourquoi cela ?

— Vous ne le connaissez point. — Ce peut être un complice....

M. Blaireau devint très rouge.

— Un complice... ce nègre... laquais d'une grande dame.

— Que vous n'avez pas vue... ni moi non plus!.. Bien! Bien!... Nous tirerons cela au clair... En tout cas, il est cerné, comme l'autre, et il faudra qu'il s'explique tout à l'heure.

Alors, se penchant vers le commissaire, il ajouta à demi-voix :

— En attendant, renvoyez le serrurier. — Moins on est, mieux cela vaut pour les premières constatations.

L'observation était juste, et M. Blaireau se hâta d'y obtempérer, en renvoyant l'ouvrier, qui se retira fort déconfit de voir que sa curiosité devrait prendre patience, et qu'il ne saurait rien de plus que le commun des martyrs.

Dès qu'il fut parti, et pendant que le médecin examinait attentivement le corps, les deux hommes de police, sans s'inquiéter de la présence du concierge, dont les renseignements pouvaient leur être utiles, se livrèrent aux investigations sommaires, que le désir de suivre la piste de l'assassin avait fait négliger jusqu'à présent.

Voici leur premier résultat :

D'abord, il fut constaté que le vol n'avait point été le mobile du crime.

Aucun meuble ne portait de trace d'effraction.

Rien n'avait été dérangé dans la petite chambre, tenue avec un ordre et une propreté remarquables.

D'ailleurs, tout y dénonçait la pauvreté, et ce n'est guère dans les mansardes du sixième étage des maisons d'ouvriers, qu'un voleur s'amuse à perdre son temps, ou à risquer sa tête en devenant assassin.

L'idée de vol écartée, restait l'idée d'une querelle ; mais une querelle, surtout entre individus n'appartenant pas aux hautes classes de la société, aurait été bruyante, et il paraissait acquis qu'on n'avait rien entendu, avant les détonations des armes à feu.

D'autre part, il est rare qu'à Paris deux individus, réunis à la même table, dans une habitation privée, se trouvent armés tous les deux d'un revolver.

La France n'est point l'Amérique, et ceux qui portent des revolvers sur eux y sont une exception.

Etait-ce alors une vengeance ?

Peut-être. — Pourtant, il ne paraissait pas qu'il y eût eu lutte, à proprement parler. Le crime avait dû s'accomplir brusquement, avec une grande rapidité, comme il arrive entre personnes qui ont un égal intérêt à en finir vite et sans attirer l'attention. Les deux convives buvaient ensemble, ainsi que le prouvaient la bouteille entamée et les deux verres à demi-vidés... On avait renversé les chaises, mais elles étaient restées à leur place.

Celle de la victime avait dû tomber, quand il avait été frappé par

Le nègre se pencha par-dessus la rampe et regarda.

la première ou la seconde balle qui l'étendait par terre ; celle de l'assassin, quand il s'était levé pour tirer, ou pour s'enfuir.

Ce qui ressortait évidemment de toutes les circonstances de l'affaire, c'est que les deux hommes se connaissaient, étaient amis, ou au moins, camarades.

Qui avait tiré le premier?

Ici, le médecin ne laissa aucun doute. C'était la victime.

Le revolver, ramassé dans la chambre, et qui lui appartenait incontestablement, car les blessures étaient dues à des projectiles d'une arme dont le calibre était supérieur, avait été déchargé une seule fois et l'on voyait la marque de la balle dans le mur, en face de la porte, près de la fenêtre-tabatière.

La balle y avait pénétré à une certaine profondeur.

La victime avait tiré la première, disons-nous.

En effet, la blessure à la poitrine, qui avait précédé celle à la tête, était mortelle également, ayant traversé le cœur, et le malheureux avait dû être foudroyé sur le coup.

Comme le disait M. Blaireau, la seconde blessure n'était qu'un surcroit de précaution.

Ainsi s'expliquaient les trois détonations successives, à intervalle irrégulier.

Les deux hommes avaient, d'abord, tiré presque ensemble; puis, l'assassin s'était rapproché du corps, étendu à ses pieds, et lui avait déchargé une dernière balle à bout portant.

Mais qui était, au juste, la victime?

Là commençait le rôle de M. Niquelet, le concierge, et le commissaire de police se mit à l'interroger avec sa brutalité ordinaire, — brutalité qu'il n'osait montrer à l'agent Percinet, et qui prenait sa revanche avec le portier.

— Comment s'appelait cet homme? — lui demanda-t-il.

— Loriot.

— Pas d'autre nom?

— Pierre. — Mais, dans la maison, on l'appelait, par manière de plaisanterie, compère Loriot.

— Qu'est-ce qu'il faisait?

— Il disait qu'il serait riche avant peu, qu'il avait de grosses sommes à toucher.

— Où? Comment?

— Ah! je ne sais pas! — Il était mystérieux, parlait peu, sortait presque toute la journée, et souvent rentrait tard.

— Et aujourd'hui?

— Il était rentré plus tôt qu'à l'habitude en chantonnant, l'air gai

— Est-ce qu'il voyait du monde ?

— Dehors, je ne sais pas.

— Mais ici ?

— Ici... Non, jamais.

— Pourtant, ce soir...

— Ma foi, monsieur le commissaire... vous m'en voyez tout épaté... Je n'ai vu monter personne chez lui !

— C'est impossible ! — Vous savez bien qu'il est venu quelqu'un...

— C'est évident... Mais je vous jure... Il est peut-être venu une dizaine de personnes dans la soirée... Mais aucune n'a demandé après M. Loriot.

— Vous m'avez l'air de tenir joliment votre loge, vous... et si j'étais propriétaire, je vous flanquerais à pied, pas plus tard que demain matin...

— Mais, monsieur le commissaire...

— C'est bon. Assez !... Vous êtes un ivrogne ou un idiot... Vous ne surveillez pas la maison. — L'assassin n'est pas tombé du ciel... Il est entré par la porte... il est monté par l'escalier... Nous ferons une enquête approfondie à ce sujet...

Le père Niquelet écoutait ce flot de paroles menaçantes, en se dandinant sur ses deux jambes, dont l'une trop courte, avec cette terreur que la police inspire aux pauvres diables.

— Depuis quand Loriot habitait-il ici ? — reprit M. Blaireau, de plus en plus hérissé.

— Depuis trois semaines.

— D'où venait-il ?

— Je n'en sais rien.

— Comment, animal, vous n'en savez rien !... Si je vous demandais où est le marchand de vins, vous le sauriez, n'est-ce pas ?... Est-ce que vous n'êtes pas allé aux renseignements ?... Est-ce que vous n'avez pas vu ses papiers ?... Voyons, répondez, au lieu de me regarder d'un air hébété.

— Mais, monsieur le commissaire, il payait d'avance... Il apportait des meubles neufs.. Moi, pourvu que le propriétaire touche ses termes régulièrement, et qu'on ne fasse pas de train dans la maison... le reste ne me regarde point.

— Alors, voilà tous les renseignements que vous pouvez fournir...

— Dame ! — Ah ! je me rappelle...

— Quoi ?

— Il a dit comme ça, qu'il avait beaucoup voyagé, dans les îles, l'Inde, l'Amérique, je ne sais pas au juste... mais, enfin, c'était loin... et qu'il y faisait plus chaud que par ici.

— Nous voilà bien avancés... Mais il doit avoir des papiers, quelque chose, n'importe quoi, qui nous dira qui était ce particulier.

Le commissaire et l'agent commencèrent alors une perquisition qui ne fut pas longue, si minutieuse qu'elle fût.

La chambre était petite ; les meubles peu nombreux. On voyait que cela avait été acheté peu de temps auparavant, et que l'acheteur s'était contenté du strict nécessaire.

Il n'y avait à visiter que la table et la commode, d'ailleurs, les seuls meubles qui possédassent des tiroirs.

Celui de la table, qui n'avait pas de serrure, contenait quelques vieilles croûtes de pain, trois couverts de fer, un couteau-poignard de fabrication anglaise.

Ceux de la commode étaient presque vides. — On y trouva en tout deux chemises sans marques et neuves ; quelques mouchoirs, des chaussettes ; un vieux code crasseux et souvent feuilleté ; — mais pas un papier, pas un objet quelconque qui pût constater une identité, parler du passé, révéler des habitudes.

On trouva aussi quelque menue monnaie dans une vieille bourse en filet ; environ une quinzaine de francs... Et ce fut tout.

— Diable ! diable ! — grommela M. Blaireau, — cela se complique !

— On interrogera le marchand de meubles, — observa tranquillement l'agent Percinet. — Il sera facile à retrouver.

Pendant que M. Blaireau relisait le procès-verbal sommaire dressé par son secrétaire, l'agent s'était rapproché du cadavre, et considérait attentivement son visage et sa poitrine velue, mise à nue par le médecin.

— Hum ! — fit Percinet. — Voilà une tête qui ne me dit rien de bon. — Ce n'est pas la tête d'un ouvrier, ni d'un honnête homme.

Il se pencha, releva la manche du bras droit, et mit à jour plusieurs tatouages bleuâtres.

Ces tatouages représentaient une tête de mort, au-dessus d'un cœur traversé d'un couteau, à côté, une date : — 1820. —

— Voilà qui pourra nous guider ! s'écria l'agent de la sûreté en se redressant. — Il faudra faire voir ce corps à tous nos hommes et à nos *moutons*, aux repris de justice surtout. — Ou je me trompe beaucoup, ou c'est là une vieille connaissance, qui a dû passer, un jour ou l'autre, par les mains de la police.

— Le fait est, — dit le médecin, — qu'il n'est pas beau, et que son visage révèle une vie agitée par toutes les passions violentes et mauvaises.

— Oui, — fit M. Percinet, en se frottant lentement les mains ; — il a plutôt la tête d'un assassin que d'un assassiné.

V

D'UNE MANSARDE A L'AUTRE

Pendant que le commissaire de police et l'agent de la sûreté se livraient à leurs investigations, en compagnie du médecin et du concierge, le nègre continuait sa course hardie sur les toits, à la recherche du meurtrier.

M. Blaireau ne s'était pas trompé à sa pantomime, lorsqu'il croyait voir qu'il avait ramassé le revolver et qu'il le lui montrait de loin, en agitant le bras au-dessus de sa tête.

Ceci fait, le nègre avait fourré l'arme dans la poche de son pantalon, et avait continué, à travers l'obscurité et la pluie, de se glisser silencieusement, avec une lenteur calculée et qui n'excluait pas la résolution, sans quitter le rebord humide de la gouttière, en se cramponnant des mains aux plus faibles aspérités que pouvait lui offrir la pente glissante du toit.

Le secrétaire du commissaire de police n'avait exprimé qu'une vérité absolue, en déclarant qu'aucun des agents dont disposait son chef, à cet instant, n'eût osé s'aventurer sur cette voie périlleuse, où il y avait, au moins, neuf chances sur dix de trouver une mort affreuse, en tombant de la hauteur d'un sixième étage sur le pavé de la rue.

Un couvreur seul, ou un charpentier, habitué à ce genre d'exercices, aurait pu s'y hasarder ; encore eût-il exigé d'y voir clair, et se fût-il servi de cordages et d'échelles pour assurer sa marche et sa sécurité, surtout par ce temps de pluie qui décuplait le danger.

Notre nègre, lui, s'avançait avec une audace et une souplesse extraordinaires, semblant voir dans les ténèbres, se cramponnant solidement de ses mains et de ses pieds nus, aux longs doigts souples et nerveux, qui lui procuraient des avantages analogues à ceux qu'ils procurent aux singes.

Il y avait chez lui quelque chose du quadruman, et, à coup sûr, cette certitude de mouvements qui n'appartiennent qu'au sauvage.

Après avoir fait encore quelques mètres, il se trouva à l'angle de la maison qu'il tourna, et il disparut complètement derrière la maçonnerie d'une cheminée, qui formait la limite de la propriété voisine.

Arrivé là, il s'arrêta quelques secondes et parut s'orienter, autant que la nuit profonde le lui permettait.

A cet instant, debout contre la cheminée à laquelle il se tenait immobile, son corps se confondait si complètement avec ce mur noir, qu'il eût été impossible, aux yeux les mieux exercés, de se douter de sa présence. Mais cette immobilité ne dura pas. Se penchant avec des précautions infinies, sans lâcher l'appui qui maintenait son équilibre, il se courba lentement sur le toit contre lequel il colla son oreille, et parut écouter.

Il resta ainsi pendant près de deux minutes, puis se releva sur les genoux, en secouant sa tête crépue d'un air de dépit.

Evidemment il n'avait rien entendu.

Alors il étendit une de ses mains, la promenant avec une légèreté et une minutie extrême dans tous les sens.

— Il a dû passer par là, — murmura-t-il entre ses dents blanches. — Mais où a-t-il tourné?... A droite?... A gauche? — A-t-il remonté le toit?... A-t-il continué de suivre la gouttière?

Remonter le toit, en effet, était possible à cet endroit, où se dressait toute une série de tuyaux de cheminées.

Tout à coup le nègre tressaillit : sa main venait de sentir une tuile qui n'occupait point sa place normale et régulière; elle avait été rejetée sur le côté, comme par une pression vigoureuse s'exerçant de haut en bas.

En même temps, ses doigts avaient saisi quelques fragments de plâtre tombés du mur de la cheminée, un peu au-dessus du point où il se trouvait lui-même.

Il poussa une sorte de grognement bas et guttural, qui devait exprimer la satisfaction, et, n'hésitant plus, il se mit à gravir, à son tour, le toit, de façon à se hisser sur le faite et à gagner le côté opposé de la maison.

Parvenu sur l'arête, il se coucha sur le ventre et la poitrine, et se laissa glisser, les jambes en avant, en se retenant toujours aux tuyaux de cheminées.

Cette manœuvre avait quelque chose d'effrayant, car il se dirigeait ainsi vers le vide, auquel il tournait le dos; mais le nègre ne connaissait évidemment ni le vertige, ni ces faiblesses de nerfs, qui augmentent si considérablement le péril en pareille occurrence.

Il ne se pressait point; chaque centimètre, en arrière de lui, était soigneusement tâté, vérifié, *ausculté*, si l'on peut dire, par ses pieds, qui semblaient doués d'un tact et d'une *intelligence* inouïe.

Enfin, il rencontra le rebord opposé de la nouvelle maison, qui regardait le boulevard de Belleville, et s'y arcbouta.

A une grande profondeur au-dessous de lui, il apercevait la lumière des becs de gaz ; et une vague rumeur, qui montait du sol boueux, annonçait qu'un certain nombre de curieux continuaient de stationner à l'angle de la rue et du boulevard, quoique tenus à distance par les sergents de ville qui gardaient les portes des maisons et occupaient l'extrémité de chacune des rues formant le quadrilatère et isolant le théâtre du crime.

Ses yeux ardents se promenèrent un instant dans le vide, pendant que son oreille cherchait à analyser le caractère et le sens de la rumeur confuse venue jusqu'à lui; puis il ramena ses regards sur le point qu'il occupait, et chercha de nouveau à s'orienter.

S'il tournait à gauche, il revenait nécessairement, par un autre côté, vers la maison d'où il était parti.

Suivant toutes les probabilités, l'assassin avait dû chercher à s'en éloigner. Donc, il fallait appuyer sur la droite; et c'est ce que fit résolûment le nègre.

Jusqu'à présent, il n'avait rencontré aucune lucarne s'ouvrant sur le toit.

Maintenant, au contraire, il en distinguait plusieurs, se profilant en noir sur le ciel sombre.

Il continua donc sa route, redoublant de prudence pour ne faire aucun bruit qui pût signaler son approche, retenant même sa respiration par surcroît de précaution.

De la sorte, il parvint jusqu'à la hauteur d'une première lucarne et s'y arrêta, l'inspectant lentement.

Cette lucarne était obscure et fermée. — Il promena ses mains sur les vitres, y colla son oreille, interrogeant tout l'entourage de ses yeux et de ses doigts, et parut convaincu que celui qu'il poursuivait n'avait point passé par là.

En effet, en admettant que l'assassin eût refermé la fenêtre, après s'être introduit dans la mansarde, ou dans le grenier qu'elle éclairait, il eût dû commencer par l'ouvrir; pour cela, il eût fallu briser, tout au moins, un carreau. Or, les vitres étaient intactes, et rien ne révélait aux yeux exercés de l'Africain le passage d'un homme en cet endroit.

Il s'éloigna donc, et fit encore un long chemin, inspectant, avec le même soin et le même insuccès, trois autres lucarnes et deux fenêtres tabatières qu'il rencontra sur sa route.

La pièce, que nous avons vue dans un désordre complet, était parfaitement rangée.

Cela ne parut point le décourager, et, sans se lasser, il tourna un second angle qui le ramenait vers la rue Oberkampf.

Là, il s'arrêta brusquement

Il venait d'apercevoir une lumière, la première, depuis sa périlleuse pérégrination, qui perçait la nuit, et lui signalait à quelque distance, un peu en retrait, une ouverture quelconque.

Cette lumière était extrêmement pâle, un peu intermittente, paraissait prête à s'éteindre, à chaque instant.

Au lieu de hâter sa marche, le nègre la ralentit et se coula dans cette direction, avec les mouvements lents, compassés, de plus en plus silencieux, du chien de chasse qui tombe sur une piste et sent le gibier à sa portée.

De la sorte, il se rapprocha de la fenêtre éclairée, et, quand il fut tout près, il colla de nouveau son oreille sur le toit, et écouta longuement; puis, rassuré sans doute par le silence, il se redressa peu à peu et hissa sa tête jusqu'à l'ouverture, où il plongea un regard ardent.

Alors, il fit entendre, pour la seconde fois, ce grognement sourd et guttural, qui semblait lui être habituel dans les circonstances décisives, et, se raidissant sur les poignets, il arriva sur le rebord même de la fenêtre, qu'il franchit d'un bond.

Il se trouvait dans une pièce mansardée comme celle où le crime avait été commis, et toute petite également.

La lumière pâle, intermittente, qui l'avait frappé, provenait d'une bougie allumée, mais tombée à terre, et dont la flamme agonisante, tout en menaçant de s'éteindre, dans le courant d'air établi entre la fenêtre et une porte entr'ouverte, située en face, commençait à carboniser le point du plancher où elle gisait.

Toute la chambre était dans un désordre extrême.

Il était évident que là, peu d'instants auparavant, il y avait eu une lutte violente.

Une table couverte de papiers avait été renversée, entraînant la chaise qui se trouvait auprès de la bougie qui y était posée.

Des traces humides, reproduisant la forme d'un pied large et couvert de boue, comme l'étaient eux-mêmes les pieds nus du nègre, s'étalaient sur le plancher, allant de la fenêtre vers la porte, puis revenaient vers le centre de la petite chambre, où il y avait eu un piétinement caractérisé, ainsi qu'il arrive dans une lutte corps à corps.

Les papiers de musique, couverts de croches et de doubles croches, avaient voltigé dans tous les sens, sans tomber heureusement trop près de la bougie, car ils se fussent enflammés et auraient mis le feu à la pièce.

Du reste, en dehors de la table, de la chaise, de quelques tablettes de bois blanc, encombrées de cahiers de musique et d'un piano, placé contre le mur à gauche, quand on pénétrait par la lucarne, nul autre meuble, et notamment point de lit.

C'était évidemment une chambre de travail, où l'on ne venait qu'à certaines heures et pour certaines occupations spéciales; et celui qui l'occupait, à ces moments, ne devait pas être très fortuné, à en juger par l'étage et par la simplicité du mobilier plus que sommaire.

Le nègre, après s'être assuré que la pièce était vide, y avait pénétré, avons-nous dit.

Son premier soin fut aussitôt de ramasser la bougie et d'inspecter ce qui l'entourait, particulièrement les empreintes de pied nu.

Pour cela, il se penchait vers le plancher, en ayant soin de ne pas mêler ses propres empreintes à celles qui le préoccupaient, et écartait légèrement les feuilles de papier à musique, qui en avaient recouvert un certain nombre.

En déplaçant un feuillet, il mit tout à coup à nu une arme: un couteau tombé et abandonné là, dans la précipitation de quelque fuite brusque.

Il se jeta sur l'arme, la considéra et poussa son grognement habituel.

A n'en pas douter, il venait de faire une découverte importante.

L'arme qu'il avait ramassée, en effet, était semblable à celle qu'il tenait tout ouverte entre les dents, qu'il n'avait point lâchée pendant sa longue et dangereuse course sur les toits.

C'était un couteau espagnol, une *navaja*.

— Plus de doute, — murmura-t-il en excellent français, sans se servir de ce langage enfantin propre à la plupart des noirs, et dont il avait usé devant le commissaire de police. — C'est ici qu'il est entré. — Il y a trouvé un homme, ou il y a été surpris par lui... Il y a eu lutte entre eux... Pourtant, ce couteau ne porte pas de marque de sang... Il n'a pu s'en servir... ou il n'a pas eu le temps... ou il n'a pas osé... Mais où est-il passé ?

Il réfléchit un instant, silencieux.

— Aurait-il été arrêté par les voisins? — Non... Toute la maison serait en mouvement, et elle est calme, muette... personne ne paraît se douter...

Il s'était rapproché de la porte qui donnait sur un long couloir bordé par d'autres portes ouvrant évidemment sur des greniers, et aboutissant à l'escalier.

Il s'y engagea avec précaution, tenant la bougie à la main, après avoir fait disparaître l'arme dénonciatrice dans sa poche.

Les pas humides s'y retrouvaient, mais moins marqués, les pieds s'étant séchés peu à peu.

A une faible distance de la porte, un objet blanc attira son attention : c'était une manchette de femme.

Il la ramassa vivement, la considéra, puis la cacha, comme il avait fait du couteau, en disant :

— Oh ! oh !... une femme est venue... Il y a là quelque chose d'incompréhensible.

Il rentra dans la chambre, remit la bougie à terre, mais debout, puis ressortit, gagna l'escalier, le descendit à pas de loup, sans faire craquer une seule marche.

Parvenu à l'étage inférieur, il s'arrêta, l'oreille tendue, comme s'il avait perçu quelque son insolite.

Cela devait-être, car, dans l'obscurité, guidé par ce seul bruit, imperceptible pour tout autre que lui, il se rapprocha insensiblement d'une porte qu'il ne voyait point, mais qu'il reconnut au toucher, et appuya son oreille à la hauteur de la serrure.

Là il entendit, sans pouvoir distinguer les paroles, que plusieurs personnes parlaient, avec précaution, dans quelque pièce du fond, après avoir pris le soin de fermer, sans doute, une ou deux portes de communication, à l'intérieur de l'appartement.

Cependant, il constata parfaitement qu'une femme sanglotait, et un éclat de voix, brusquement éteint, le fit tressaillir.

— Il est là ! — murmura-t-il. — Mais quels sont ceux qui occupent cet appartement et qui le cachent ?... Je le saurai !

Il allait encore écouter, quand un bruit violent s'éleva du rez-de-chaussée jusqu'à lui, en même temps qu'une lueur assez vive jetait sa clarté à travers la cage de l'escalier.

On avait ouvert la porte de la maison. Plusieurs personnes étaient rentrées avec des lumières.

Le nègre se pencha par dessus la rampe, et regarda.

— Oh ! oh ! — fit-il. — Le commissaire, les agents ! On va faire une perquisition.

Après une seconde d'hésitation, il reprit l'escalier, gravit lestement l'étage qui le séparait de la mansarde et y rentra sans bruit.

VI

OU GASTON LAPIERRE PASSE DE LA PLUS VIVE INQUIÉTUDE A LA PLUS VIVE SURPRISE

Le nègre ne s'était pas trompé.

C'était bien, en effet, la police qui venait d'entrer, sous la forme du replet et grincheux M. Blaireau, de l'anguleux Percinet et de plusieurs solides gaillards revêtus du costume de sergents de ville.

Le nègre ayant mis près de trois quarts d'heure à gagner la maison de la rue Oberkampf, où nous venons de l'accompagner, le commissaire de police avait eu le temps de terminer l'enquête sommaire, rapportée par nous dans le chapitre précédent, et, ne voyant pas revenir le singulier collaborateur, qui s'était offert à rechercher l'assassin sur les toits par où il avait dû fuir, ledit commissaire avait commencé à visiter les maisons composant l'îlot, dans le but de retrouver l'auteur du crime, s'il était parvenu à se cacher dans quelque grenier.

— Si on ne le trouve pas,—disait Percinet,—ce qui est possible, après tout, car il a pu s'introduire dans l'une des habitations voisines avant que l'éveil fût donné et la surveillance établie, — on trouvera toujours un indice quelconque de son passage. — Peut-être même aura-t-il rencontré quelqu'un dans un escalier, qui l'aura laissé passer sans défiance, mais qui nous donnera un premier signalement.

Ce que l'agent de la sûreté n'ajoutait pas tout haut, de peur de blesser trop vivement M. Blaireau, c'est qu'il se défiait de ce nègre, venu si à propos, et qu'il n'était pas fâché de le rencontrer le plus promptement possible, afin de l'interroger et de s'assurer de son identité.

Les deux représentants de la justice avaient donc visité déjà plusieurs des maisons limitrophes, questionnant les concierges et les locataires, se faisant ouvrir les greniers et les mansardes qui s'étendaient sous les toits, afin d'y découvrir le meurtrier, s'il y avait cherché quelque refuge, le tout en vain.

Celui qu'on poursuivait n'y était point.

On ne l'avait ni vu, ni entendu.

Ils visitaient maintenant, à son tour, la maison de la rue Oberkampf.

— Depuis deux heures, — répondit le concierge, — personne n'est passé devant ma loge, n'a demandé le cordon.

— Par conséquent, s'il est entré, il n'est pas ressorti, — conclut le commissaire de police.

— Avez-vous des greniers ou des mansardes ouvrant sur le toit? — demanda Percinet.

— Sans doute, monsieur, et plusieurs.

— Alors, il faut y faire une perquisition soigneuse.

— J'ai, en double, les clefs des greniers.

— Peu importe, — répliqua l'agent. — Il faut les demander aux locataires, — ce qui nous permettra de les voir et de leur poser quelques questions. — On ne sait jamais ce qui peut arriver. — L'un d'eux peut donner, sans s'en douter, un renseignement utile.

— Etes-vous sûr de vos locataires, au moins? — interrompit brusquement le commissaire de police. — Les connaissez-vous bien?

— O ! parfaitement! — répliqua le concierge, en se redressant avec dignité. — C'est une maison honnête et tranquille. — Je ne supporterais pas un mauvais sujet ou des gens douteux!... Ce n'est pas comme la maison d'à côté, pleine d'un tas de gueux et d'ouvriers. Ici, nous n'avons que de petits rentiers, ou des gens établis.

— Et habitant la maison depuis longtemps ?

— Les plus nouveaux y sont depuis trois ans, — reprit fièrement le concierge ; — et jamais une minute de retard pour le terme ! Le huit et le quinze, à midi sonnant, je présente les quittances, et à midi vingt-cinq tout est encaissé.

Ainsi renseignés, les hommes de la police commencèrent leur ascension. — Le concierge sonnait aux portes. — Le commissaire de police demandait à ceux qui venaient ouvrir s'ils n'avaient entendu ou remarqué rien d'insolite dans la soirée ; priait qu'on voulût bien lui confier les clefs des greniers et des mansardes, ou des caves, car l'assassin aurait pu gagner les caves, au lieu de rester dans quelque coin de grenier, pour attendre le jour et s'échapper, sans attirer l'attention, par la porte ouverte de la rue.

De la sorte, la petite troupe arriva au cinquième étage, et le concierge ébranla la sonnette d'une porte où l'on voyait une petite plaque de cuivre portant ces mots :

MADAME LAPIERRE

LINGERIE ET CONFECTIONS

Bien que le bruit occasionné dans la maison, par la venue de la police, eût dû mettre tout le monde sur pied, il fallut que le concierge sonnât trois fois et se décidât à donner quelques vigoureux coups de poing dans la porte, pour obtenir une réponse.

— Ils ont l'oreille dure, là-dedans ! grommela M. Blaireau.

— Qui est là ? — dit enfin une voix d'homme, sans ouvrir.

— C'est moi, monsieur Lapierre ; moi, le concierge !

— Que voulez-vous ?

— Ouvrez toujours.

— C'est que... j'étais couché.

— C'est M. le commissaire de police qui veut vous parler.

A ces mots, on entendit une exclamation étouffée, provenant d'une autre personne, d'une femme, suivant toute probabilité.

— Allons, voyons, dépêchez-vous ! — ajouta M. Blaireau, de sa grosse voix rude et impatientée. Nous n'allons pas coucher sur le carré, je pense.

La porte s'ouvrit, et l'on vit un jeune homme, il pouvait avoir de vingt à vingt-cinq ans tout au plus, vêtu des pieds à la tête, ce qui paraissait assez étrange de la part de quelqu'un qui venait de dire qu'il était couché, et d'une extrême pâleur que faisaient encore ressortir l'ébène de ses cheveux bouclés et ses yeux noirs comme du charbon.

Il portait une fine moustache noire également, et contenait avec peine un tremblement visible.

— Le commissaire de police ! balbutia-t-il ; que me veut-il ?

— Ah ! mon Dieu ! s'écria le concierge en souriant, vous avez l'air tout bouleversé. Rassurez-vous, monsieur Lapierre, ce n'est pas à vous qu'on en veut... On ne vient pas vous arrêter... On veut seulement vous demander un renseignement et la clef de votre cabinet de travail, là-haut.

La vive émotion du jeune homme, son air évident de terreur, ne déplurent point au sieur Blaireau. C'était un hommage à l'importance de ses fonctions, par conséquent de sa personne. — Il ne détestait point de faire trembler. — Cela le flattait et le rehaussait à ses propres yeux ; — sentiment assez fréquent chez les natures inférieures, qui ne peuvent se grandir qu'à condition que les autres s'agenouillent.

— Oui, oui, rassurez-vous ! — répéta le commissaire de police, sur un ton bourru, mais sans brutalité. — Un assassinat vient d'être commis dans une maison voisine. On suppose que l'assassin s'est enfui par les toits, et nous visitons toutes les maisons où il aurait pu se réfugier.

Le jeune homme ne parut nullement rassuré, au contraire !

Aucun malheur, — répéta Dolorès. — Qui sait ?

Il eût encore pâli, si cela avait été possible.

— Alors, vous venez pour une perquisition ? reprit-il d'une voix étranglée.

— Nous venons, d'abord, pour vous demander si vous n'avez rien entendu ; si vous n'avez vu aucune personne étrangère à la maison, — interrompit le commissaire, qui n'aimait pas qu'on l'interrogeât.

— Non, monsieur le commissaire, — dit tout à coup, avec résolution, une voix derrière le jeune homme; et, en même temps, une femme d'un certain âgé, d'une cinquantaine d'années, au moins, apparut, sortant de l'ombre d'un corridor qui l'avait cachée jusqu'à ce moment.

— Bonsoir, madame Lapierre!... dit le concierge. — Bien des excuses de vous déranger à c't'heure-ci.

Cette femme, très proprement, mais très simplement vêtue d'une robe de laine noire, à taille serrée, sans autre ornement qu'un col blanc, et des manchettes de linge uni, ou plutôt qu'une manchette, car l'un de ses poignets en était privé, avait les cheveux grisonnants, l'air triste et distingué, et ressemblait tellement au jeune homme qui venait d'ouvrir la porte que, même sans entendre son nom, on eût deviné qu'elle était sa mère.

— Partout la même réponse! — murmura M. Blaireau.

— Est-ce que ces personnes ont un grenier ou une mansarde au-dessus, ou une cave? demanda l'agent Percinet.

— Cave et mansarde, oui, oui, — répliqua le concierge.

— Veuillez nous en donner les clefs, — fit le commissaire.

— Je vais chercher la clef de la cave, — dit la mère avec empressement; — elle est là, dans la cuisine.

Et elle disparut et revint, presque comme par enchantement, en personne qui ne veut pas faire attendre.

— Quant à la clef de la mansarde, c'est vous qui l'avez, monsieur Lapierre, n'est-ce pas? dit le concierge.

— Oui, fit le jeune homme, en fouillant dans ses poches avec une répugnance qu'il ne pouvait dissimuler... c'est-à dire, non... je crois que je l'ai laissée sur la porte.

— C'est fort imprudent! — répliqua sèchement M. Blaireau. — Montons. Nous visiterons cette pièce d'abord, les greniers ensuite, puis nous finirons par les caves. Montrez-nous le chemin, — ajouta-t-il en s'adressant au concierge.

La mère et le fils échangèrent un rapide coup d'œil.

— Je vous accompagne, — dit tout à coup ce dernier.

Et, en homme qui a pris sa résolution, il passa le premier.

La clef, en effet, se trouvait sur la porte qui était fermée.

Le jeune homme la saisit, ouvrit avec une sorte de violence fébrile, et se jeta, pour ainsi dire, dans la chambre, suivi de ses compagnons.

Mais, à peine entré, il resta comme cloué sur place et poussa un cri de surprise.

La pièce que nous avons vue, quand le nègre y pénétra, dans un désordre complet et relatant toutes les péripéties d'une lutte violente, était parfaitement rangée et ne respirait plus que le calme et l'innocence.

La table avait été relevée, ainsi que la chaise. Les papiers de musique y étaient étalés de la façon la plus régulière. La bougie, posée sur un angle de cette table, brûlait paisiblement; le plancher, parfaitement propre, ne gardait aucune trace de pas et semblait avoir été soigneusement balayé ou essuyé depuis peu, — ce qui faisait honneur aux goûts de propreté du jeune homme; la fenêtre n'était point fermée, mais seulement poussée.

M. Lapierre regardait tout cela avec un air de stupéfaction inexprimable.

— Tiens! tiens! tiens! — s'écria le concierge, — vous avez oublié d'éteindre votre bougie, en redescendant.

— C'est vrai! — fit le jeune homme en paraissant recouvrer quelque sang-froid. Et c'est là ce qui m'a surpris en entrant.

— Vous êtes musicien, monsieur... monsieur...

— Lapierre, — dit le locataire.

— Monsieur Lapierre, — poursuivit le commissaire, — et c'est ici que vous travaillez?

— Oui, monsieur.

Percinet inspectait la pièce.

Il alla jusqu'à la fenêtre, constata qu'elle n'était point fermée, l'ouvrit tout à fait, se pencha au dehors, étudia, un instant, ce qu'il pouvait voir du toit, et se retourna vers le commissaire.

— Et bien? fit ce dernier.

— Rien! — L'assassin aurait pu pénétrer facilement ici; mais la lumière l'aura effrayé. — Je ne vois aucune trace. — Les pieds ou ses chaussures en auraient laissé sur le plancher, d'ailleurs, car le toit est humide. — Il faut visiter les greniers à côté et les caves.

Le jeune homme poussa un soupir de soulagement.

— Qui donc est venu ici ? — pensait-il, — et qui donc a rangé cette pièce ?

— Vous n'avez plus besoin de moi ? — demanda-t-il au commissaire de police.

— Non, monsieur. — Vous pouvez rentrer chez vous. — Le concierge vous rendra la clef de la cave.

M. Lapierre ne se le fit pas dire deux fois, et s'éloigna précipitamment, pour regagner son logement, à la porte duquel sa mère l'attendait.

VII

LA MAITRESSE DE MONO, LE BON NÈGRE

Le jeune nègre, Mono, pour l'appeler par son nom, avait déclaré qu'il servait chez Mme de Los Rios, qui demeurait près du Jardin des Plantes.

En effet, Mme de Los Rios habitait, rue Cuvier, au second étage, un petit appartement, dont les fenêtres donnaient sur les massifs d'arbres et de verdure, qui égayent et embaument ce coin retiré du vieux Paris.

L'appartement occupé par cette dame était petit, venons-nous de dire, mais il était élégant et coquettement meublé, quoique sans luxe qui indiquât une grande fortune.

Mme de Los Rios y vivait seule, n'ayant, pour tout domestique, que le nègre que nous connaissons, et une femme de chambre, toute jeune et d'un type étrange, qui répondait au nom de *Carmencita*, diminutif affectueux ou familier, — suivant l'occurrence, — de Carmen.

La femme de chambre et le nègre couchaient dans l'appartement même, composé de six pièces, en dehors de la cuisine : deux réservées aux serviteurs, plus la chambre à coucher de Madame, la salle à manger, un assez vaste salon et un boudoir intime, où la maîtresse de céans passait la plupart de ses journées, sortant peu et ne recevant personne.

C'est là que nous la trouvons, le matin qui suivit les événements rapportés dans les chapitres précédents, étendue sur une chaise longue, et fumant une cigarette de tabac turc.

Mme de Los Rios avait dû être d'une beauté éclatante et originale, et, bien qu'elle ne fût pas de la première jeunesse, elle n'avait pour ainsi dire rien perdu de sa beauté, que cet éclat printanier et cette fraîcheur d'aube qui se dissipent avec le matin de la vie.

A la voir, elle paraissait trente ans, et nous pourrions nous en tenir là, une femme n'ayant jamais que l'âge qu'elle paraît ; mais la vérité nous force à déclarer qu'elle comptait cinq années de plus.

Elle n'était pas fort grande et appartenait évidemment à la race espagnole, dont elle avait les longs yeux noirs, veloutés et fendus en amande, les sourcils d'ébène, les formes rondes, les dents de nacre, les pieds et les mains extraordinairement petits et délicats.

Son teint mat ; son front bas, qui s'avançait et surplombait ; son nez légèrement court, aux narines extrêmement mobiles ; ses lèvres rouges comme le corail, mais aux coins tombant ; son menton un peu proéminent et fermement dessiné, donnaient au repos, à son expression, lorsqu'elle ne souriait point, — quelque chose d'énergique, de dédaigneux et même de dur, où l'éclair du regard révélait la violence des passions intérieures.

Elle avait, d'ailleurs, cette taille ronde et souple, ces hanches développées, cette gorge riche, sans excès, que les femmes de l'Espagne couvrent d'un corsage de satin éclatant, moulé exactement sur les lignes du corps.

Au moment où nous pénétrons auprès de Dolorès, il pouvait être dix heures ; elle portait un long peignoir de mousseline blanche, garni de dentelles, à manches courtes et hardiment échancré, qui laissait voir ces chairs fermes et pleines, dont la femme faite a l'admirable privilège, lorsque l'embonpoint exagéré ne l'a pas encore envahie.

Ses bras nus, aux poignets fins, garnis de deux cercles d'or mat, et ses épaules, eussent enthousiasmé un peintre, ainsi que son pied d'enfant, jouant dans une mulle sans talon, et sa jambe nerveuse, chaussée d'un bas de soie, qu'on apercevait sous le peignoir, à demi-relevé par la posture allongée et nonchalante qu'elle avait prise sur sa chaise longue.

Ses cheveux d'ébène, en partie dénoués, retombaient à flots autour de sa tête, sans autre ornement qu'une fleur pourpre de grenadier, chose rare en cette saison, à Paris.

Il eût suffi de la nonchalance de sa pose pour révéler qu'elle appartenait à la race créole, alors même qu'en louant l'appartement qu'elle occupait, elle n'eût pas déclaré, au concierge de la maison, qu'elle s'appelait Dolorès de Los Rios; qu'elle était née à Buenos-Ayres, et qu'elle arrivait de cette dernière ville pour suivre des affaires d'intérêts.

Comme, de plus, elle paraissait, sinon riche, du moins à son aise; qu'elle avait deux domestiques, ne faisait point de dettes, se montrait peu, vivait sage et tranquille, sans bruit, et paraissait habituée à l'existence large du grand monde, on ne parlait d'elle, dans le quartier, qu'avec bienveillance, et la curiosité, excitée par l'air étranger et les types caractéristiques des trois personnages, s'était vite apaisée.

Du reste, elle était généreuse envers son concierge; la femme de chambre et le nègre ne tarissaient pas d'éloges sur leur maîtresse, et il n'en faut pas tant pour assurer la considération autour de soi.

Cependant, ce matin-là, Mme de Los Rios, que nous appellerons Dolorès, pour abréger, malgré la noblesse alanguie de sa pose et les nuages de fumée blanche qui s'échappaient de sa cigarette, à longs intervalles réguliers, semblait, non pas agitée, si l'on veut, mais vivement préoccupée et profondément émue.

Ses noirs sourcils se rapprochaient, à chaque instant, et la courbure de ses lèvres, inclinant vers les coins, se marquait davantage.

—Carmencita,—dit elle tout à coup, avec ce léger accent guttural, propre aux gens de son pays, en se relevant sur l'un de ses coudes.

La femme de chambre entra aussitôt.

C'était une toute jeune fille; c'eût été encore une enfant si elle avait appartenu à nos races tardives des climats tempérés, car elle n'avait pas plus de quatorze ans, bien qu'elle fût déjà comme une femme.

Au premier regard, on reconnaissait une *china* (1); c'est-à-dire que, dans ses veines, le sang indien se mêlait au sang espagnol, ce qui n'est pas rare dans l'Amérique du Sud, où les conquérants ont volontiers folâtré avec les conquises.

Elle avait un teint d'orange mûre; des yeux d'un noir profond, un peu sauvages, comme ceux d'un jeune loup; les pommettes saillantes, les joues pleines, le menton long, et le bas du visage fort développé, avec des lèvres charnues, mais d'un beau rouge et recouvrant des dents blanches, aiguës et serrées.

Les membres étaient longs, un peu grêles; la taille fine, les épaules étroites. — En somme, l'ensemble était original et séduisant.

— Madame m'a appelée? — dit-elle d'une voix très douce, bien que son accent guttural fût beaucoup plus marqué que celui de sa maîtresse.

— Oui; quelle heure est-il?

— Dix heures viennent de sonner.

Dolorès eut un geste d'impatience.

— Et Mono n'est pas rentré?

— Non, madame.

— C'est incroyable!... Que peut-il lui être survenu? — murmura-t-elle plus bas, avec une intonation où l'inquiétude l'emportait évidemment sur la colère.

— Aucun malheur, je l'espère, — répliqua la petite suivante, répondant plutôt à la pensée qu'elle devinait qu'aux paroles qu'elle n'avait dû entendre qu'à demi.

Tout en parlant, se tenant debout devant le divan où reposait

(1) Prononcez : *Tchina.*

sa maîtresse, et qui était surmonté d'une glace longue, Carmencita se mirait et se regardait avec une sorte de joie enfantine, semblant s'émerveiller de son costume, composé d'une robe noire, d'un tablier blanc à bavette, et d'un petit bonnet de linge, dont les brides, rejetées en arrière, dégageaient son cou par devant.

Cette coiffure lui seyait fort bien, et quoiqu'elle dût la porter depuis déjà quelque temps, elle en paraissait toujours surprise et enchantée.

— Aucun malheur... — répéta Dolorès. — Qui sait?

— Il est de taille à se défendre!

— Oh! si ce n'était que ça!... Jamais il n'a passé de nuit dehors... Il faut quelque chose de grave... de bien grave... pour expliquer... Il est sorti hier, à sept heures?

— Oui, madame!... Comme d'habitude... Il sort toujours, lui... Il doit connaître Paris! — ajouta-t-elle avec un soupir, et d'un air d'envie, qui disait clairement :

« Il est bien heureux! Que ne puis-je en faire autant! »

Mais sa maîtresse n'accorda aucune attention à l'expression de ce regret contenu.

Elle jeta sa cigarette loin d'elle.

— Ah! il me le payera! — reprit-elle, — s'il n'a pas une raison sérieuse... mais il ne peut en avoir...

Ses yeux lancèrent un éclair, sa bouche se contracta, et l'expression de dureté de son visage prouva qu'il devait être dangereux de lui déplaire ou de l'irriter, et qu'elle n'était pas femme à se contenter de menaces vaines.

— Passe-moi mon éventail.

Carmencita s'empressa de lui donner un de ces éventails immenses, que les femmes de l'Amérique du Sud ne quittent presque jamais, et qui leur servent à la fois à agiter l'air et à se protéger contre les rayons du soleil, l'usage de l'ombrelle leur étant inconnu.

— Oh! l'attente et l'incertitude! — murmura-t-elle avec une rage contenue et toute pleine de menaces.

Carmencita la regardait sans étonnement, mais l'air craintif, et n'osait bouger, tout en ne montrant sur son visage aucune de

L'instant était suprême...

ces arrière-pensées de révolte ou de malveillance, qui sont habituelles à nos serviteurs français. Son regard n'exprimait qu'une sympathie respecteuse et résignée à tout, même aux pires injustices et aux traitements les plus cruels.

Une demi-heure s'écoula ainsi, silencieuse.

Dolorès agitait son éventail, le fermait, le rouvrait, le refermait, d'une saccade brusque, en le frappant contre la paume de sa main gauche, la prunelle fixe, absorbée dans quelque préoccupation sombre et lointaine.

Parfois ses longues paupières se soulevaient, découvrant l'œil entier, plein de flammes, comme si elle apercevait quelque objet visible d'elle seule, et alors ses narines se gonflaient, et ses lèvres desserrées laissaient voir ses dents admirables.

Quant à Carmencita, immobile, les mains croisées sur son tablier, elle semblait figée sur place, et son visage se revêtait de cette expression de tristesse, si remarquable chez tous les sauvages au repos.

Tout à coup la sonnette retentit.

Dolorès tressaillit et se redressa à moitié.

— C'est lui ! — dit Carmencita. — Je reconnais sa manière de sonner.

Et elle s'élança hors de la pièce, en courant.

Une demi-minute après, elle rentrait, suivie de Mono.

— Le voilà, madame, — dit-elle avec une satisfaction inquiète et contenue.

C'était bien, en effet, Mono lui-même, le pantalon boueux, l'air fatigué.

Sa maîtresse ne lui dit pas un mot.

Elle le regardait, les sourcils froncés, ayant pâli de colère, et tous les traits empreints d'une irritation qui ne présageait rien de bon.

Mono s'avança, les yeux baissés, s'agenouilla devant elle, attendant qu'on l'interrogeât.

— D'où viens-tu ? — lui dit-elle enfin d'une voix sourde.

— De loin, maîtresse.

— Pourquoi ?

— J'ai travaillé pour toi.

— Pour moi ?

— Oui.

— Pendant toute la soirée, toute la nuit, toute la matinée ?

— Oui, maîtresse.

— Alors... c'est bien... Mais qu'as-tu fait?

— J'ai trouvé!

Elle bondit sur ses pieds, posa ses mains blanches sur la laine crépue du nègre, lui renversa la tête en arrière.

— Regarde-moi en face... Tu as trouvé? Prends-garde, si tu mens!

— Tu sais bien que je n'ai jamais menti, maîtresse.

— Alors, que sais-tu?

— Pas tout! — dit-il. — Oh! pas tout. Mais j'ai appris... certaines choses... retrouvé certaines personnes... découvert une piste...

— Parle donc, malheureux! Tu vois bien que je suis sur des charbons rouges...

— Tu n'es pas seule.

— C'est vrai. — Va-t'en, Carmencita.

La petite *China*, qui contemplait cette scène sans étonnement et presque sans curiosité, s'inclina et disparut aussitôt, en refermant consciencieusement la porte derrière elle, et gagna sa chambre, située à l'autre extrémité de l'appartement.

— Maintenant, nous sommes seuls, — reprit Dolorès en laissant le nègre à genoux.

— J'ai retrouvé Coco la Tête-de-Mort, — dit-il en baissant la voix.

— Ici, à Paris? — balbutia Dolorès.

— Oui.

— Oh! Je le verrai, — fit-elle avec résolution.

— Non.

— Non!... Pourquoi?

— Il est mort.

— Mort!... Comment?... Je ne comprends pas!

— Assassiné!

— Que dis-tu là?

— Assassiné par Clermont le gaucho! (1)

— Clermont!... En es-tu sûr? dit Dolorès.

(1) Prononcez : *gaoutcho*.

— Sûr, certain, oui... Je l'ai vu... et nous pourrons le retrouver... quand nous voudrons, répliqua Mono.

— Mais alors le duc...

— Doit être à Paris... ou, s'il n'y est pas, nous saurons où il est par le gaucho!

— Enfin! — murmura Dolorès.

— Tu vois que je n'ai pas perdu mon temps!

— Je suis contente de toi, Mono! — dit-elle avec un sourire qui avait quelque chose de terrible.

Et elle lui tendit sa main d'enfant.

Il la porta à ses lèvres, l'air rayonnant.

— Lève-toi, — reprit-elle d'une voix brève, — et raconte-moi en détail ce qui s'est passé.

VIII

CHASSEUR ET GIBIER

Dolorès s'était jetée sur un fauteuil bas; non assise, mais agenouillée, les coudes appuyés au dossier, le menton soutenu par ses deux mains, regardant Mono dans les yeux, silencieuse, le corps agité d'un léger tremblement, qui révélait seul l'émotion profonde à laquelle elle était en proie.

Mono, resté debout, bien en face d'elle, supportait son regard en homme qui comprend, et qui sait aussi qu'il va répondre, au moins en partie, à ce qu'il a fait espérer, à ce qu'on attend de lui.

— Hier au soir, — dit-il, — à la nuit tombante, je suis sorti comme d'habitude, me disant : J'ai parcouru tous les quartiers principaux de Paris, depuis deux mois, et je n'ai rien appris, rien trouvé. Donc ou *il* n'est pas à Paris, ou *il* s'y cache dans quelque quartier excentrique et misérable qui aura échappé à mon inspection.

— Pourquoi se cacherait-il? — interrompit Dolorès. — Il n'est point poursuivi; il n'y a point de plainte contre lui... Il me croit morte!

— C'est vrai; mais, se sachant coupable, il a peur, et il prend évidemment des précautions pour effacer sa trace, puisque nous l'avons perdue, depuis six mois que nous la cherchons, d'abord en Franche-Comté, ensuite ici, où l'on nous avait dit qu'il s'était fixé.

— Peu importe. — Continue.

— Donc, je me dirigeai vers le quartier qui s'étend du côté du boulevard de Belleville, et que je n'avais point encore parcouru. — Bien m'en prit. — Il était neuf heures du soir, et je suivais, assez découragé, mais l'œil au guet, la rue des Trois-Couronnes, lorsque tout à coup j'aperçus la silhouette d'un homme qui me fit tressaillir, et que je crus reconnaître, malgré son déguisement.

— Son déguisement? — répéta Dolorès avec quelque surprise.

— Sans doute. Il avait une blouse, une casquette, était vêtu comme les ouvriers d'ici, en un mot. Cependant, je ne pouvais m'y tromper... Je l'avais senti, deviné... En le suivant, je le reconnus enfin, à ne pouvoir m'y tromper; d'ailleurs, ce qui s'est passé ensuite aurait levé mes doutes, si j'avais pu en conserver.

— Il ne s'est aperçu de rien?

— De rien, absolument. D'abord, il ne me connaissait pas, tu sais bien... ni le duc, quoique je les aie vus assez pour les reconnaître dans mille ans. — Quand tu as dit une fois à Mono : Regarde et souviens-toi! C'est fini... Il n'oublie plus!

— Où allait-il? — interrogea Dolorès, qui semblait trop habituée aux circonlocutions et à la lenteur d'exposition du nègre, pour s'en irriter ou essayer d'obtenir de lui un récit plus rapide.

— Dans une maison de la rue des Trois-Couronnes, où il entra résolument, comme quelqu'un qui sait où il va, qui a un rendez-vous. Je n'osai l'y suivre. — On m'aurait remarqué, interrogé, et je craignais d'éveiller ses inquiétudes, ou de le mettre sur ses gardes. — Je résolus donc de rester en faction devant la porte de cette maison, jusqu'à ce qu'il en sortît. S'il y passait la nuit, c'est qu'il y demeurait, et alors il devenait facile de savoir sous quel nom il y vivait, ce qu'il y faisait, qui il recevait, et le reste. S'il en ressortait au bout de peu de temps, je le suivais jusqu'à ce que je découvrisse sa demeure.

— En est-il ressorti?

— Non.

— Alors, c'est là qu'il demeure?

— Nullement. Il y est aussi inconnu que toi ou moi. Il y venait sans doute pour la première fois, et n'y retournera jamais.

— Explique-toi. — Tu vois que je meurs d'impatience.

— J'achève, maîtresse. Une heure s'écoula... Il se faisait tard, le quartier devenait désert et paraissait endormi. Tout à coup, dans le silence, éclatent trois détonations de revolver. — Les détonations partaient de la maison et même du dernier étage. — Je dressai l'oreille. — Connaissant l'homme et le sachant là, je pensai qu'il y était pour quelque chose. — Je ne tardai pas à être renseigné. — Un rassemblement s'était formé sur le trottoir; je m'y mêlai discrètement, écoutant les discours. — Brusquement, la porte s'ouvre, un homme paraît, que j'ai appris ensuite être le concierge. — Il allait requérir la police, disant qu'on avait commis un crime dans la maison. — Un pressentiment me dit que Clermont doit en être... et je me faufile derrière le concierge, à l'intérieur de la maison, sans être aperçu, au milieu du trouble général. — Je monte jusqu'au sixième; je me coule, silencieux, parmi les locataires assemblés sur le palier, qui parlaient et gesticulaient tous à la fois. Grâce à l'émotion générale, ma présence n'attire point l'attention. On n'est occupé que de l'attente du commissaire de police et de l'arrivée des sergents de ville. — Et je reste là, cherchant mon homme des yeux.

— Eh bien?

— Il n'y était pas! — Donc, comme il n'était pas ressorti, c'est qu'il se trouvait dans la chambre fermée, où les coups de revolver avaient été tirés.

« J'y entrerai! » — me dis-je.

— Et tu y es entré?

— Oui.

— Comment cela?

— En aidant le serrurier à enfoncer la porte. — Je me suis

arrangé pour tomber dans la chambre, comme par accident. Ainsi j'étais bien sûr, qu'on m'y laissât ou non, d'avoir le temps de voir s'il y était et ce qui était arrivé.

— Qu'as-tu vu?

— Un homme assassiné, frappé de deux balles.

— Et c'était *Coco la Tête-de-Mort?*

— Oui, maîtresse.

— Voilà qui est singulier! — fit-elle, comme quelqu'un qui cherche à résoudre un problème.

— Tu le croyais en Amérique? — Moi aussi. — Mais il était revenu en France, depuis peu... Et cela m'a prouvé que Clermont avait certainement passé par là, qu'il était bien l'auteur du meurtre.

— Ils se seront retrouvés...

— Oui, et il a craint qu'il ne parlât.

— Cela doit être, en effet!...

— J'en ai conclu, aussi, qu'il n'agissait pas pour lui seul, et qu'un danger plus grand avait armé sa main...

— Le duc?

— Oui, maîtresse. Pourquoi la *Tête-de-Mort* eût-elle inquiété Clermont? — Coco n'avait aucun intérêt à le dénoncer...

— Pourtant...

— Qu'est-ce que cela lui eût rapporté?

— Rien. Tu as raison. — Je vois clair, Clermont et *l'autre*... sont toujours ensemble.

— Voilà!

— Et Clermont retrouvé,... nous retrouverons l'autre!

— C'est cela.

— Mais, s'il est arrêté, comment saurons-nous?...

— Il n'est pas arrêté.

— Il a pu fuir?

— Oui. — Je l'ai sauvé!

— Toi!... Et tu sais où il est?

— A présent, non; car il n'a pas dû y rester... Mais, quand on est sur la piste, on arrive toujours au terrier.

— Explique-toi mieux.

— On constata tout de suite, — reprit le nègre, — que l'assassin, quel qu'il fût, s'était échappé par les toits. — Je m'offris à l'y poursuivre.

— Mais tu pouvais te tuer en tombant, ou être tué par lui.

Le nègre secoua la tête d'un air d'orgueil naïf.

— Je suis leste, — fit-il, — et j'avais ma *navaja* ! Je m'élançai donc sur les toits, et j'arrivai à une mansarde où il s'était réfugié. — J'y entrai. — J'y retrouvai sa trace : d'abord des empreintes de pieds, puis, surtout, une navaja semblable à la mienne. — Là voici !

Mono tira le couteau qu'il avait ramassé et le tendit à sa maîtresse.

Dolorès le saisit vivement, l'examina, l'ouvrit.

— Oui, dit-elle enfin. — Cela vient du pays... Et je reconnais l'arme pour la lui avoir vue souvent entre les mains... Tiens! regarde ce cran sur le manche... C'est bien à Clermont. — C'est bien lui!

Mono l'écoutait avec une joie respectueuse, mais où perçait toute la vanité enfantine du nègre, fier de son succès et de l'habileté qu'il a déployée.

— Continue, — reprit-elle sans quitter la navaja qu'elle palpait de ses doigts frémissants, comme pour lui demander des souvenirs du passé ou des promesses d'avenir.

— La chambre où je venais de pénétrer était dans un désordre extrême. — Il y avait été surpris par quelqu'un, et il y avait eu une lutte violente, mais courte.

Mono s'arrêta l'air pensif et soucieux.

— Qu'as-tu ? Parle donc ! — s'écria sa maîtresse inquiète.

— Ici je ne comprends plus, — dit-il. — Que s'est-il passé ? — Je l'ignore. — Une femme est intervenue, ou était là.

— Quelle femme?

— Je ne sais; mais j'ai ramassé ceci lui appartenant.

Et il tendit la manchette tombée dans le corridor.

Dolorès la prit et la retourna dans tous les sens.

— La femme est pauvre, — dit-elle enfin. — Ce bout de linge le prouve, mais il ne m'apprend pas autre chose, ne portant aucune marque, aucun signe distnictif. — Poursuis.

www.ingramcontent.com/pod-product-compliance
Lightning Source LLC
LaVergne TN
LVHW012001160826
845678LV00002B/655

* 9 7 8 2 3 2 9 6 7 2 2 7 4 *